Noel livre:

Où est le Père Noël?
- la belle histoire de Noël

Author/Illustrator: Sujatha Lalgudi

Translation: Audrey Marcel

Demandez à votre enfant de retrouver le(s) Père Noël sur chaque page. Il y a d'autres objets liés à Noël également à trouver.

A l'aube, il y a de la neige sur le sol. Quelle belle matinée!

Allons dehors et jouons dans la neige. Mais un moment, nous devons d'abord nous habiller.

Allons-y, faisons un bonhomme de neige.
N'est-il pas magnifique?

Tummy a envie de pain d'épices.

Grand-père! voici un bonhomme en pain d'épices pour toi aussi.

Il est temps de rentrer le sapin de Noël à l'intérieur.

Commençons à décorer l'arbre à présent.

Il y a quelque chose qui manque. Qu'est-ce que cela pourrait-être?

Oui! Des sucres d'orge.
Voilà! Notre sapin de Noël est si brillant et lumineux à présent.

Hum! Et si on se reposait un peu?
Nous pourrions lire un livre.

Miam! Grand-mère a preparé un gâteau de Noël.

Mais quand aurais-je mon cadeau ?

Je vais devoir attendre jusqu'au matin.
Il est l'heure de dormir à present.

C'est la nuit avant Noël.
Tout le monde s'est endormi rapidement.

C'est le matin de Noël!

Il y a des cadeaux pour tout le monde.

Youpi ! voilà mes cadeaux!

Ho! Ho! Ho! J'ai aussi eu une luge!

Wow! C'est si amusant de faire de la luge.

La joie d'offrir est encore plus grande!

J'aime Noël.

Et toi ?

Joyeux Noël!

Activité amusante à faire avec votre enfant :

Tu te souviens de ces dessins? Cherche dans le livre pour trouver les dessins correspondants.

Neige

Bonhomme de neige

Sucres d'orge

Pain d'épices

Gâteau de Noël

Sapin de Noël

Cadeaux

Père Noël

Renne

Noël

Printed by Amazon Italia Logistica S.r.l.
Torrazza Piemonte (TO), Italy